AF276527

LA
SUEGRA
DE PEDRO

Carme Soto Varela

LA SUEGRA DE PEDRO

SAN PABLO

Colección dirigida por Silvia Martínez Cano

Carme Soto Varela (Vigo, Pontevedra), sierva de San José, es licenciada en Historia contemporánea por la Universidad de Santiago de Compostela y doctora en Teología, en la especialidad de Sagrada Escritura, por la Universidad Comillas (Madrid). Es miembro de la Asociación de Teólogas Españolas y de la Asociación Bíblica Española, además de miembro del Consejo de Redacción de las revistas Encrucillada y Reseña Bíblica. Es autora y colaboradora de varias obras y artículos.

© SAN PABLO 2024 (Protasio Gómez, 11-15. 28027 Madrid)
   Tel. 917 425 113
   E-mail: secretaria.edit@sanpablo.es - www.sanpablo.es
© Carme Soto Varela, 2024
© Ilustración de portada: Silvia Martínez Cano, 2024
© Ilustraciones de interior: Montserrat Martín Blanco, 2024

Distribución: SAN PABLO. División Comercial
Resina, 1. 28021 Madrid
Tel. 917 987 375
E-mail: ventas@sanpablo.es
ISBN: 978-84-285-7095-4
Depósito legal: M. 4.884-2024
Printed in Spain. Impreso en España

Todos los derechos reservados. Ninguna parte de esta obra puede ser reproducida, almacenada o transmitida en manera alguna ni por ningún medio sin permiso previo y por escrito del editor, salvo excepción prevista por la ley. La infracción de los derechos mencionados puede ser constitutiva de delito contra la Ley de propiedad intelectual (Art. 270 y siguientes del Código Penal). Si necesita fotocopiar o escanear algún fragmento de esta obra diríjase a CEDRO (Centro Español de Derechos Reprográficos – www.conlicencia.com).

Introducción

En nuestra memoria guardamos encuentros con otras personas que, de una u otra forma, han marcado nuestra vida. En ellas permanece una fuente de esperanza que nos invita a seguir adelante porque son testigos de lo posible, de lo que nos enraíza, de lo que nos fortalece. El relato evangélico que protagoniza la suegra de Pedro puede ser también hoy para nosotras/os un recuerdo que avive la esperanza, porque a través de él podemos acercarnos a un encuentro con Jesús en el que la casi invisible vida diaria de una mujer se convierte en espacio de sanación y salvación. Un encuentro en el que el servicio no define una actividad doméstica y humilde de una mujer, sino uno de los rasgos centrales del discipulado en la comunidad del Reino inaugurada por Jesús.

Salvación y discipulado se tejen en este pequeño relato femenino invitándonos a transitar nuestra historia de fe desde la experiencia cotidiana. Una experiencia que siempre está atravesada de oscuridad y silencio, que también es espacio para encontrar la mano amiga de Jesús que nos levanta y nos ofrece nuevos caminos por los que transitar con audacia y desde los que reconstruir nuestra vida cuando los proyectos fallan o nos sentimos impotentes para cambiar lo que no nos libera o lo que condiciona nuestros sueños y anhelos.

Acercarnos a escuchar la historia de esta mujer es también una invitación a leer de una forma nueva los textos bíblicos, de modo que podamos acceder a su significado profundo más allá de los marcos históricos y culturales que los vieron nacer. Para ello, necesitamos agudizar el oído, atravesar sus condicionamientos patriarcales y su mirada androcéntrica y ahí, en ese espacio de frontera entre el pasado y nuestro presente, encontrarnos con aquel ser humano de carne y hueso que en el encuentro con Jesús se sintió sanada y salvada y se dispuso a servir como discípula, con todo lo que ella era y con las nuevas posibilidades que su curación le ofrecía.

Tejiendo los hilos
de la narración

En los pocos versículos que tejen la trama de la narración encontramos una serie de hilos, que, si les seguimos la pista, pueden ayudarnos a conocer mejor el marco en el que se desarrolla el episodio y también el impacto que pudo tener en los orígenes cristianos y que llevó, a esta mujer, a permanecer en la memoria de las primeras comunidades como referente para quienes se iban incorporando a ellas y se comprometían a vivir como seguidoras y seguidores de Jesús.

Estos hilos aportarán claves que nos permiten comprender mejor el relato y poder traerlo al presente para que pueda seguir siendo relevante e inspirador, como lo fue en aquellos primeros momentos en los que el cristianismo daba sus primeros pasos.

Primer hilo: La casa-familia

Los textos nos dicen que su encuentro con Jesús se lleva a cabo en la casa en la que esta mujer vive. El término casa (*oikos* en griego) designaba tanto la vivienda como el grupo familiar extenso al que se pertenecía. En el mundo antiguo el concepto familia designaba a un grupo amplio de parentesco, a través del cual se transmitían el honor, las propiedades y la condición social. En ella se ofrecían apoyo y sustento y, salvo excepciones, nadie consideraba honorable abandonarla porque suponía la pérdida de la identidad y de la pertenencia. La casa se organizaba de forma jerárquica, siendo el padre (*pater familias*) el que ostentaba el máximo grado de autoridad y de poder. Las relaciones y los roles que cada miembro desempeñaba dentro de ella se definían en función del género.

Dentro de este marco general se distinguían diferentes tipos de unidades familiares, dependiendo de la disponibilidad de recursos económicos, el estatus y el tipo de ocupación que tenían. Las élites que disponían de abundantes propiedades poseían grandes viviendas en las que residían un amplio número de miembros de la familia y sus esclavos/as.

Entre los sectores de población con una economía media o media baja las viviendas eran de menor tamaño y en ellas vivían grupos más reducidos que podían incluir familiares cercanos o varios matrimonios unidos por parentesco y algún esclavo/a. Lo más común, sin embargo, era que los hogares se redujesen al núcleo familiar más estrecho porque la mayoría de la población vivía en el umbral de la pobreza y no podía hacer realidad el ideal familiar que su sociedad proponía.

De este modo, el hecho de que el encuentro de la suegra de Pedro con Jesús se realizase en su casa nos informa no solo de su lugar de residencia, sino también del lugar que ocupaba en él, de los roles que por sexo y grado de parentesco con el *pater familias* estaba llamada a ejercer y del estatus económico del que disfrutaba la familia. Un lugar que se va a transformar, como veremos, en un espacio en el que vivir y testimoniar los valores del Reino de Dios.

Segundo hilo: Servir

El relato termina afirmando que esta mujer se puso a servir. El significado básico del verbo «servir» (*diakoneo* en griego) y su familia léxica remiten, en primer lugar, al oficio de servir las mesas o las tareas que hacían las mujeres atendiendo a los invitados. A partir de la praxis y del mensaje de Jesús, se convierte en un concepto central para entender las dinámicas de discipulado en los evangelios, pues va a designar una de las actitudes fundamentales para el seguimiento y un rasgo distintivo de pertenencia a la comunidad del Reino (Mc 9,35).

El servicio en los evangelios es más que servicialidad, es una opción vital, una manera de estar en el mundo. En esta actitud se revela una experiencia transformadora y transformante. Servir es apostar por un modo de relacionarse, de construir comunidad, es vivir al estilo de Jesús de Nazaret: «El/la que quiera ser grande que sea vuestro/a servidor/a» (Mc 10,43) porque «el hijo del ser humano no ha venido a ser servido sino a servir» (Mc 10,45).

Escuchar que la suegra de Pedro, tras ser curada, se puso a servir, sitúa su acción en continuidad con el mandamiento de Jesús, ampliándose así el significado de la acción que realiza y las consecuencias que de ella se derivaron para su vida posterior.

Tercer hilo: Salud-enfermedad

Si bien en nuestra cultura contemporánea el estado de salud-enfermedad se define fundamentalmente desde criterios biomédicos, en el mundo antiguo se identificaba, sobre todo, a partir de causas sociales, las normas y los valores culturales y religiosos. Tanto en el pasado como en el presente, al binomio salud-enfermedad se le asocian, además, determinados significados de género a partir de cómo se comprenden los cuerpos de varones o de mujeres y los significados que se les dan a esas diferencias.

En la antigüedad las dolencias físicas se entendían como síntomas de una situación de desvío en la conducta o de una ruptura social. Esto se asociaba a la presencia de fuerzas externas (espíritus u otro tipo de seres no humanos) que controlaban la vida de la persona y le provocaban el mal. Estos seres podían afectar a las personas y producirles mal y sufrimiento, pero sin adueñarse de ellas, o por el contrario, apoderarse totalmente de ellas usándolas en su servicio. Las diferencias entre lo que se entendía por ser varón o mujer se manifestaban también en el modo en que cada uno de los sexos padecía las enfermedades y en cómo se las identificaba y afrontaba social y médicamente. En el caso de las mujeres, la vivencia de la salud-enfermedad estaba mediada por las creencias culturales y sociales que le asignaban una mayor debilidad física y psíquica y determinada por sus condiciones físicas asociadas a la fertilidad y la procreación.

En los evangelios se visibilizan estas creencias en la forma en que se informa de las acciones terapéuticas de Jesús, aunque también se perciben algunas diferencias, fruto del modo contracultural con el que Jesús afrontó su actividad terapéutica. La curación de la suegra de Pedro se entiende dentro de este marco sociocultural, pero una mirada atenta nos permite ver cómo la recuperación de la salud le lleva más allá de lo que se espera de ella y cómo la acción sanadora de Jesús traspasa las fronteras de género para liberar su presente y su futuro.

La memoria evangélica de esta mujer

El recuerdo de la suegra de Pedro ha permanecido en un pequeño relato que apenas ofrece datos sobre ella, más allá del momento puntual en que Jesús la curó. La poca visibilidad de su figura, dentro de la narración, se puede entender no solo desde el protagonismo que Jesús tiene en ella, sino también por la mirada androcéntrica de los autores que la recogieron por escrito. Ellos atenuaron su testimonio al dejar fuera su voz y su experiencia como sujeto de la actividad sanadora y salvadora de Jesús, aunque, sin duda, fue una historia lo suficientemente significativa como para que siguiese viva en la memoria de las primeras generaciones cristianas.

El relato, recogido por los tres evangelios sinópticos, se encuentra enmarcado en un momento de intensa actividad terapéutica por parte de Jesús, que subraya el horizonte de su mensaje y de su misión (Mc 1,21-34; Mt 8,1-17; Lc 4,31-44). Él actúa con la fuerza de la misericordia y el perdón que su *Abba* quiere ofrecer a todos aquellos y aquellas que sufren. Su acción sanadora restaura la vida de quienes sufren dolencias diversas, posibilitando que sus cuerpos recuperen la salud y vuelvan a sentir en la totalidad de su ser la salvación de Dios. De este modo, pueden de nuevo reincorporarse a la comunidad con la esperanza como horizonte.

Mateo, en concreto, subraya esta idea citando las palabras que Isaías pone en boca del siervo de Yavé y con las que buscaba sostener la esperanza de Israel todavía en el exilio: «Él tomó nuestras debilidades y cargó con nuestras enfermedades» (Mt 8,16-17; Is 53,4). Jesús es ahora quien hace realidad las palabras del profeta y ahí está la suegra de Pedro recibiendo, en primera persona, la salud y la salvación prometida por Dios. Su historia es reflejo de que en Jesús se cumple la Escritura. Quien escucha el relato es invitada e invitado a sostenerse también en esa experiencia salvadora y, como esta mujer, dejarse sanar y ser testigo de esa experiencia para otros y otras.

La identidad de esta mujer está definida por su relación con Simón/Pedro, que es una de las figuras centrales de los orígenes cristianos. Esta relación de parentesco, que la singulariza a la vez que la indetermina, podría hacer pensar que el recuerdo de su encuentro con Jesús y el restablecimiento de su salud tendría más que ver con la relevancia de Pedro que con su propia historia de salud y seguimiento, sin embargo, no es así. Las breves pinceladas con las que se construye la narración de su curación en cada uno de los sinópticos no ocultan, sin embargo, la singularidad de su figura dentro del relato y la relevancia que, sin duda, tuvo para los primeros grupos cristianos. Su figura, como veremos, posee una gran fuerza y se puede considerar un testimonio paradigmático de cómo las mujeres siguieron a Jesús, y se comprometieron, desde sus circunstancias y contextos, en la causa del Reino.

En una lectura rápida quizá podríamos pensar que en los tres relatos evangélicos, que brevemente recuerdan a la suegra de Pedro, se dice lo mismo porque coinciden en bastantes detalles, pero en cada uno de ellos el recuerdo de su historia tiene un enfoque diferente, determinado por el planteamiento narrativo propio de cada autor. Los evan-

Enriquecer la memoria de la experiencia salvadora acontecida en la vida de esta mujer.

gelistas, al recoger los relatos en sus respectivas obras, tienen presente la realidad de las comunidades a las que escriben y por ello priorizan algunos datos, subrayan algunos aspectos e ignoran otros, buscando conectar de forma significativa con la experiencia social y religiosa de sus oyentes.

Los diversos modos de recoger la memoria del relato de la suegra de Pedro nos ayudan a comprender los inevitables límites que la encarnación de la Palabra de Dios implica y la necesidad de seguir actualizando, para nuestro hoy, el mensaje de salvación que los textos atesoran. Las diferencias que presentan los relatos, puestas en diálogo, nos permitirán, a su vez, ampliar los matices y enriquecer la memoria de la experiencia salvadora acontecida en la vida de esta mujer.

Para Marcos la historia se constituye como una metáfora de la resurrección (Mc 1,29-31) al señalar que «Jesús la levantó», pues con ese verbo los primeros y las primeras creyentes verbalizaron la nueva realidad que suponía la resurrección de Jesús (Mc 16,6). De ese modo, también los miembros de las primeras comunidades cristianas expresaron lo que experimentaban tras su conversión y bautismo (1Cor 6,14). Por eso, que Jesús levante a la suegra de Pedro de su postración es más que un gesto, es una acción que le está devolviendo a la vida, está haciendo posible que ella se sienta una mujer nueva, porque la acción que Jesús realiza en ella no es solo un movimiento físico sino que supone el comienzo de algo diferente.

Mateo, por su parte, presenta la curación como un relato de vocación (Mt 8,14-15), destacando que Jesús la ve y la toca sin que nadie haya mediado en su encuentro. El verbo «ver» es frecuente en los relatos vocacionales (Mt 4,18.21; 9,9; Mc 1,16.19; Lc 5,27) y expresa la iniciativa de la llamada, la decisión del encuentro por parte de Jesús. En el caso de la suegra de Pedro también es Jesús quien la ve y la invita en el espacio cotidiano de su vida, como lo había hecho con su yerno y el hermano de este mientras pescaban (Mt 4,18-21). Jesús la toca y ella responde poniéndose al servicio de la misión con prontitud y convencimiento.

Lucas presenta la curación como un exorcismo (Lc 4,38-39), subrayando que el poder de la santa

Ruah actúa en Jesús al increpar a la fiebre para que salga de la mujer. De este modo, el evangelista la muestra como sujeto del amor incondicional de Dios que la libera de aquello que la tiene atada y domina su existencia. Significativamente, la curación de la suegra de Pedro aparece a continuación de la que Jesús realiza en la sinagoga a un varón poseído por un demonio, que lo hace impuro y por tanto lo aleja de Dios (Lc 4,31-37). Lucas vincula así ambos relatos, ofreciéndolos como si fuesen las dos tablas de un díptico en las que se muestra cómo Jesús ofrece la salvación a todo ser humano, independientemente de su sexo, de su condición social o religiosa.

Estas dos historias, sin embargo, no son intercambiables para Lucas, sino que se construyen de modo que sus protagonistas aparezcan en espacios propios de su sexo (él en el espacio público de la sinagoga y ella en el privado de la casa) y actúen según aquella cultura entiende que es honorable para cada uno de ellos: la mujer silenciosa y necesitada de que alguien medie para que Jesús la cure, y el varón gritando y dirigiéndose directamente a Jesús. Con todo, el recuerdo de la suegra de Pedro mantiene la memoria de un encuentro singular y determinante en la vida de una mujer que la transforma y la hace discípula.

Hoy, más que nunca, estamos llamadas y llamados a amplificar el testimonio de nuestras antepasadas, a escuchar sus silencios y sus condicionamientos para poder acercarnos, aunque sea de puntillas, a lo que hizo vibrar su corazón cuando conocieron a Jesús, a lo que impulsó su audacia y las puso de pie. En ese camino podremos empatizar con su experiencia, sentirnos sus herederas y herederos, multiplicando así las voces de quienes, generación tras generación, dijeron sí al proyecto del Reino que Jesús encarnó.

Ella estaba en casa

Los tres evangelios sinópticos sitúan el encuentro de Jesús con la suegra de Simón en la casa de Cafarnaúm en la que vive. Esta casa es designada como la vivienda de Simón/Pedro (Mt 8,14; Lc 4,38) y quizá también de su hermano Andrés (Mc 1,29). El hecho de que el relato se desarrolle en este espacio no es casual, pues la casa es el principal lugar de socialización de las mujeres. Es su lugar propio, el espacio donde pasan la mayor parte de su tiempo y desde el que miran el mundo, establecen sus relaciones, y desde el que se definen sus roles sociales y familiares. Sus paredes señalan las fronteras de lo que se espera de ellas y hasta dónde pueden llegar sus sueños y expectativas.

En el mundo mediterráneo antiguo no era habitual que la madre de la esposa viviese en la casa de su yerno. Lo normal era que las mujeres al casarse se trasladasen a la casa de sus maridos, dejando así de pertenecer a su familia de origen para incorporarse a la familia del varón al que ha unido su vida. La suegra de Pedro, sin embargo, comparte casa con su yerno. Esto podría explicarse si la mujer hubiese enviudado y no tuviese hijos varones. En esta situación podría ser acogida en la casa de su hija al quedarse sola. Pero también podría haber ocurrido que fuese Pedro y su hermano Andrés los que se trasladasen, temporalmente, desde su Betsaida natal (así lo recoge Jn 1,44) a Cafarnaúm. Estos dos pescadores pertenecían probablemente a un estatus económico humilde y, aunque poseían sus propios aparejos de pesca, no tendrían barca ni jornaleros como ocurría con Juan y Andrés. Su estatus laboral y su situación precaria podría haberlos llevado a trasladarse de su ciudad de origen a una zona más próspera en busca de trabajo y, por esa razón, estuviesen viviendo en la casa de la suegra de Pedro.

Sea por la razón que fuese, es en este espacio doméstico propio de las mujeres, donde ella vive un acontecimiento que será trascendente en su vida.

El encuentro con Jesús parece haber ocurrido en la habitación donde permanecía en cama a causa de la fiebre. Ese lugar formaba parte del núcleo íntimo de la familia, y los códigos de conducta por los que se regían las sociedades mediterráneas antiguas consideraban totalmente inapropiado y vergonzoso que un varón se encontrase a solas con una mujer en una dependencia privada de la casa, especialmente si no formaba parte de la familia.

El hecho de que Jesús entrase en la casa como si fuera la suya y tratase a esta mujer con una confianza que excedía lo que podría considerarse adecuado, supone no solo un desafío a su honor personal sino también al de la familia que lo ha acogido. Esto se refleja especialmente en el relato de Mateo, en el que, al contrario de Lucas y de Marcos, nadie le informa de la situación de esta mujer ni le invita a hacer algo por ella. Sencillamente Jesús entra, la ve y la cura.

Jesús se muestra libre ante cualquier posible condicionamiento social y su conducta expresa confianza y cercanía con los habitantes de la casa a la que llega. Él había elegido la casa de la familia de Pedro como el lugar donde comenzar a hacer posible la comunidad del Reino (Mc 2,1) y desde ella invita a un cambio en el paradigma de las relaciones, rompiendo con los espacios construidos desde los imaginarios de género para reimaginarlos desde la nueva perspectiva que nacía de la oferta sanadora y salvadora del Dios que habitaba su corazón y su vida (Mt 8,16-22). El encuentro entre la suegra de Pedro y Jesús visibiliza la nueva reconfiguración de valores y significados que han de incorporar quienes quieran hacerse discípulas o discípulos (Mc 10,29-30; Mt 12,46-50). El modo en que Jesús se acerca a ella y la familiaridad con que la trata son iconos del modo en que él desea construir comunidad: desde el cariño y el respeto, desde la circularidad y la empatía.

Esta casa, en la que vive la protagonista de nuestra historia y que es tan significativa para Jesús y su grupo de seguidores y seguidoras, va a ser, también, un referente para las comunidades destinatarias de los evangelios. En estas comunidades post-pascuales se van integrando cada vez más familias y van surgiendo más comunidades sedentarias que, si bien acogen a misioneros itinerantes cuando pasan por el lugar donde residen, ya no asumen una vida itinerante como la de Jesús y su grupo inicial. Esto va a suponer cambios en el modo de vivir y trans-

mitir la Buena Noticia de Jesús, como testimonian, por
ejemplo, las cartas de Pablo
o las vinculadas a su tradición posterior al responder
a los desafíos que una comu-

Seguir a Jesús en la realidad cotidiana con sus desafíos y posibilidades.

nidad sedentaria implica (1Cor 7; Rom 16; Ef 5-6; 1Tim 3), o los Hechos de los apóstoles al recordar la incorporación de familias y hogares de diferentes tipos a la fe (He 9,36-43; 16,13-15). Ahora se trata de aprender a seguir a Jesús en la realidad cotidiana con sus desafíos y posibilidades, sin perder la radicalidad con la que él invitaba a vivir.

El recuerdo de la actuación de Jesús dentro de una casa en la que sana y predica, en la que descansa y se relaciona, hace posible que muchas personas, que por diversas razones no pueden abandonar su casa, pero quieren ser parte de la familia del Reino, puedan visibilizar su propia casa y familia como espacio de seguimiento y de misión, como un ámbito de enseñanza y también de salvación, como un lugar en el que recordar y transmitir la fe en Jesús.

La experiencia de liberación que la suegra de Pedro vive en su casa fue para ella un motivo para vivirse en su hogar de una forma nueva. De alguna manera, el sentirse restablecida, sanada e invitada a ponerse de pie sin grandes ceremonias ni ritos, le pudo ayudar a descubrir que en aquel espacio doméstico donde se ocupaba de cosas que parecían carecer de importancia, algo había cambiado y nada podía ser igual porque ella ya no lo era.

La confianza puesta en Jesús, su audacia al permitir que el Maestro la tocara y la invitase a salir de todo aquello que la tenía postrada y que le hacía sentirse sin salida, le hace reconfigurar sus pertenencias y descubrir nuevas posibilidades en su vida y en su hogar. Su casa acoge ahora una nueva familia y ella forma parte de ella. Una familia que ya no se va a regir por los patrones definidos por una sociedad patriarcal y que va a hacer posible que ella ya no sea únicamente una mujer sola y destinada a ocupar el papel, no siempre bien visto, de suegra, sino una mujer autónoma y capaz de vivirse en igualdad y libertad. Su nueva situación no le afectará solo a ella, sino que su curación será cauce para reimaginar la casa como un nuevo lugar en el que resignificar los espacios y roles domésticos, vivir los afectos y las relaciones de ese modo que también Pablo soñó: «Ahí no hay ni judío ni griego, ni esclavo ni libre, ni varón

ni mujer porque todos somos uno en Cristo Jesús» (Gál 3,27-28).

Posiblemente en aquel hogar palestino no se
alcanzó la utopía, pero en él creció un modo de
vivir que invitaba a la esperanza: en él se gesta-
ron señales del Reino. Desde él Jesús expresó su
horizonte comunitario que daba cabida a su Dios
Abba. Y ahí, la suegra de Pedro fue protagonista,
compañera audaz de la Buena Noticia, testigo
de cómo la llegada del Reino de Dios realmente
sanaba y liberaba. Apenas conservamos detalles
de su vida, pero lo poquito que ha permanecido
nos dice que su encuentro con Jesús la cambió y
transformó su casa.

Encuentro sanador
con Jesús

En las sociedades de la antigüedad, el «yo» (la subjetividad) no se concebía de forma individual como hoy lo hacemos, sino de forma colectiva, es decir, que nadie se entendía fuera de un grupo y la identidad personal se construía a partir de la pertenencia y solidaridad con la comunidad de la que se formaba parte. De este modo, todo lo que posibilitase o reforzase la cohesión grupal se consideraba positivo y, por el contrario, todo lo que pudiese cuestionar la unidad interna era evaluado como negativo y, por tanto, debía de ser evitado o neutralizado por cualquier medio.

Desde esta concepción, cuando alguien caía enfermo, se vivía como un peligro para el funcionamiento adecuado del grupo, porque se pensaba que alguien desde fuera (un espíritu) estaba bloqueando la vida armónica e integrada de la persona que sufría el mal. Más allá de la dolencia física, la enfermedad se entendía como un estado en el que confluían aspectos biológicos, sociales y religiosos y que llevaban a la persona que la padecía a vivirse en situación de impureza, aislamiento e incluso culpa. La reacción ante la pérdida de salud de algún miembro del grupo era reforzar la solidaridad grupal. Lo primero era salir a buscar al sanador adecuado capaz de restablecer a la persona afectada por el mal y, de ese modo, posibilitar la restauración de sus vínculos grupales y con ello, también, el bienestar colectivo.

En el mundo antiguo existían médicos profesionales, pero eran muy caros y escasos. La mayoría de la gente acudía a sanadores populares que no solo eran más accesibles, sino que con frecuencia se mostraban más eficaces que los que adquirían su sabiduría en centros de formación profesional.

Dentro de este marco de comprensión social y cultural, podemos entender que el hecho de que se informe de que la suegra de Pedro está enferma la coloca en una situación de extrema vulnerabilidad tanto física como social. La estigmatización que supone la enfermedad la recluye y le imposibilita para poder acceder personalmente a cualquier recurso que le pueda devolver la salud. Esta realidad se expresa en los relatos de forma muy breve pero elocuente.

Ella aparece aislada y silenciosa y son otras personas las que toman la iniciativa para posibilitar su restablecimiento. Marcos y Lucas, en sus respectivos relatos, señalan que es la gente que está en la casa la que le comunica a Jesús, con preocupación, que la suegra de Pedro está en la cama aquejada de fiebre, mientras que, en el caso de Mateo, se afirma que es el propio Jesús el que la ve y se acerca a ella.

La fiebre que aqueja a la suegra de Pedro tiene un origen difícil de conocer, porque los tratados médicos antiguos la remiten a diversas enfermedades, e incluso aparece más como una dolencia que como un síntoma. En los relatos evangélicos tampoco hay unanimidad en la descripción de su padecimiento. Marcos dice sencillamente que «está en cama con fiebre» (Mc 1,30). De este modo indica, sin más especificación, la realidad doliente de la mujer, aunque podemos intuir, por el contexto antes explicado, la vivencia personal y familiar que implicaba su situación.

Jesús tratada a la fiebre como un ser o espíritu al que era necesario expulsar.

Mateo acentúa el grado de la enfermedad afirmando que «estaba postrada con fiebre» (Mt 8,14), lo que introduce un elemento que va más allá de la dolencia en sí y que subraya el grado de incapacidad que la fiebre estaba produciendo en la mujer y en su relación con su entorno. No se puede mover, por lo tanto, no puede acercarse a otros u otras y tener una relación adecuada y positiva, ni tampoco puede hacerse cargo de su rol en la casa y, por tanto, el mal padecido la aísla.

Lucas, por su parte, clasifica la enfermedad como una posesión, pues «estaba oprimida por una gran fiebre» (Lc 4,38) e informa de que Jesús reprendió a la fiebre y esta dejó a la mujer. Esto muestra que Jesús trataba a la fiebre como un ser o espíritu al que era necesario expulsar. De este modo, Lucas visibiliza el poder de la Ruah de Dios con el que Jesús actúa frente a otros espíritus malignos. Definido como posesión, el mal padecido adquiere una mayor gravedad y, por tanto, evidencia con más fuerza la fragilidad e impotencia de la mujer y la necesidad de que alguien responda a su situación y libere su vida.

La posesión se mostraba en el mundo antiguo como un medio de protesta en contra de situaciones de injusticia y opresión vividos en los ámbitos sociales y religiosos. Las personas poseídas no son responsables de su estado y conducta y generalmente se las percibe como transgresoras y, por lo tanto, son marginadas. La liberación de la posesión le permite volver a una situación honorable e integrada en el grupo.

En cualquiera de los tres textos, la suegra de Pedro aparece prostrada e imposibilitada para vivir una vida saludable y responder a lo que en la familia y el entorno se podría esperar de ella. Tal situación le impedía vivirse en libertad y poder aspirar a desarrollar sus propias potencialidades. Aunque ignoramos el alcance real de su mal, el marco de significados desde el que se interpretaba la enfermedad en el mundo antiguo y su reacción tras la curación nos invitan a pensar que su padecimiento podía tener origen en el control y la dependencia que las mujeres vivían dentro de las sociedades patriarcales y machistas de la época. Esta realidad, quizá más frecuente de lo que podamos imaginar, es el modelo social que quebraba sus vidas y les producía altas dosis de sufrimiento y las enfermaba.

Es significativo que en los tres relatos evangélicos en los que se recuerda a la suegra de Pedro, ella no habla ni hace ningún gesto. En ningún momento pide ser curada ni expresa su agradecimiento a quien ha tomado la iniciativa para devolverle la salud y la ha reincorporado, no solo a su espacio relacional y cotidiano, sino que la ha abierto a una nueva experiencia de encuentro salvador con el Dios amor y posibilitador de vida. Su silencio se puede entender como la respuesta adecuada, para aquella sociedad, la de una mujer que estaba enferma. En su situación necesitaba esperar la mediación de otros u otras para acceder a un sanador y su entorno era también llamado a reconocer y agradecer la recuperación de su salud. Dentro de su postración y sufrimiento es presentada, sin embargo, en una actitud adecuada para recibir ayuda y alcanzar la recuperación. Jesús, por su parte, sin mediar palabra, compartiendo el silencio con ella, se acerca y la sana. Esa acción de Jesús se va a expresar con variantes en cada uno de los textos en función de los intereses narrativos de sus autores.

Marcos, con su sencillez acostumbrada, rememora el momento diciendo que «se acercó a ella, la tomó de la mano, la levantó y la fiebre se fue» (Mc 1,31). El gesto cuidadoso de Jesús la acompaña en su camino de liberación. La acción de levantarla no responde únicamente a posibilitar en ella un cambio de posición física, sino que el uso del verbo «levantar» evoca la experiencia de la resurrección. Las primeras comunidades cristianas utilizaron la expresión «Dios lo levantó» (Mc 16, 6; Rom 10,9; 1Cor 6,14) para expresar el acontecimiento, hasta ese momento apenas imaginable, de la Resurrección de Jesús. Desde ahí, para Marcos, el gesto de Jesús con la suegra de Pedro se puede comprender como una experiencia de resurrección, pues al levantarla la devuelve a la vida y a una vida nueva.

Mateo utiliza, también, el verbo «levantar» para referirse a Jesús resucitado (Mt 28,6.16), pero en el caso de la suegra de Pedro la acción no la realiza Jesús, sino que es la propia mujer la que se pone de pie al sentirse curada: «La tomó de la mano, la fiebre se fue y ella se levantó» (Mt 8,15). Con este cambio de sujeto, este evangelista resalta cómo la acción liberadora de Jesús se encarna en la vida de esta mujer y le hace testigo de cómo el encuentro con él reconstruye a la persona y la dignifica.

Lucas describe el encuentro diciendo que Jesús «se inclinó sobre ella, increpó a la fiebre y esta la dejó, e inmediatamente se levantó» (Lc 4,39). Como veíamos más arriba, para este autor, Jesús cura a la mujer expulsando al espíritu que le producía la fiebre. La escena pone en evidencia la autoridad de Jesús y su poder contra el mal. Su acción curativa brota de su misión de anuncio del Reino de Dios (Lc 4,18-21; 4,43) con la que abre nuevas esperanzas a quienes, como la suegra de Pedro, están atados y oprimidos por otros.

La acción liberadora de Jesús hacia esta mujer no tiene un reconocimiento público, como en otros casos, sino que es ella la que con su modo de actuar reconoce y proclama su liberación, vinculándose con decisión a la comunidad inclusiva del Reino de Dios a la que él invita. Jesús es mediador de la salvación de Dios, actúa de forma gratuita sin esperar reconocimiento o remuneración. Lo importante es la persona y su bienestar, lo demás, como dirá en otra ocasión, se dará por añadidura (Lc 12,30-34; Mt 6,33-34).

La curación marca un antes y un después en su vida, pero no es el destino, es un comienzo que le lleva más allá. Los relatos no narran lo que pasó después pero, al colocar la acción de servir como cierre del relato, nos permiten imaginarla en esa acción, no solo ejerciendo la hospitalidad con su huésped o huéspedes o realizando roles domésticos, sino como el horizonte de su discipulado y de su pertenencia activa a la nueva comunidad inclusiva del Reino inaugurada por Jesús.

Servicio en clave de discipulado

La suegra de Pedro, al recuperar la salud, no duda en responder a la invitación actuando como solo puede hacer una discípula: sirviendo. Una acción que no se ha de entender como una mera actividad doméstica sino como un modo genuino de poner en práctica las enseñanzas de Jesús. El servicio adquiere un significado teológico muy relevante, aunque los evangelios no explicitan qué clase de servicio realiza, ni tampoco ofrecen datos que indiquen que la actuación de esta mujer ha de entenderse como la realización de las tareas tradicionalmente asignadas a las mujeres en el hogar. Su condición femenina no debe determinar el contenido de una acción que los propios textos dejan abierto; quizá, esa indeterminación final del relato está siendo una

Ella, al recuperar sus fuerzas físicas, siente que se empodera su vida y se hace servidora.

invitación para que sus lectores y lectoras puedan incorporar a la historia el nuevo significado que Jesús le ha dado al servicio (Mt 20,25-28; 23,8-11; Mc 10,12-45; Lc 22,24-27; Jn 12,28; 13,3-17) y que es clave para construir las relaciones comunitarias y para vivir el discipulado.

En el encuentro con Jesús, la suegra de Pedro no solo experimenta restaurada su salud, sino que entiende que ese don recibido la llama a ir más allá, a darse en la misión y a encontrarse con la comunidad que, en torno a Jesús, se ha construido en su casa. Con su servicio se hace «mediadora de salvación» para otros y otras. Ella, al recuperar sus fuerzas físicas, siente que se empodera su vida y se hace servidora. Una tarea que ya no la limita a los oficios domésticos, ni la margina al silencio y la invisibilidad, sino que, consciente de la gracia recibida, se abre a los y las demás ofreciendo lo que es en igualdad y reciprocidad. Su servicio la hará discípula y testigo de la salvación que brota del mensaje y la actuación de Jesús.

En la memoria de Mateo, la acción de esta mujer se dirige exclusivamente a Jesús, pues «ella se levantó y se puso a servirle» (Mt 8,15). El autor entiende que es Jesús quien la ha invitado a pertenecer a la comunidad y que está llamada a seguir siendo sanada y sanadora. La comunidad creyente destinataria del relato de Mateo se siente así, urgida a seguir ahondando en las enseñanzas de Jesús y, como la suegra de Pedro, a servir con audacia y compromiso para que el Reino de Dios se siga encarnando en su presente.

En el caso de Marcos y de Lucas, el servicio de la suegra de Pedro se dirige a quienes estaban en la casa y habían intercedido por ella. De alguna manera, su acción supone una reconfiguración de la casa en la que habita. El servicio que realiza visibiliza su camino de discipulado y, por tanto, se incorpora a su hogar de una forma nueva. La liberación del mal que la tenía aislada y sola se convierte en un reencuentro con los suyos. Un reencuentro que la dignifica y la empodera, que la incluye y le da una nueva identidad: la de discípula y, por eso, «se puso a servirles» (Mc 1,31; Lc 4,39).

Su tarea en la casa, ahora también comunidad, quizá no fuese de liderazgo, pero sí va a desarrollar un servicio más allá de los meros quehaceres domésticos, con la autoridad que le da su encuentro con Jesús. Ella no es una sirvienta, sino una seguidora capaz de ocupar un lugar en la comunidad y de vivir una fe sostenida en la experiencia de salvación recibida y, sin duda, proclamada y testimoniada.

Su servicio aparece aquí como contracultural, porque reconfigura sus pertenencias dentro de su hogar. Es una mujer que se ha puesto en pie para seguir a Jesús y colabora con él para hacer de aquella casa un espacio inclusivo, en la que las relaciones familiares no se midan por el poder sino por el servicio, en la que poner la mesa o lavar los pies sean actividades honorables y signos de encuentro y hermandad/sororidad porque su curación y su discipulado colaboran para que su familia, trabajadora y sencilla, sea germen de la nueva familia del Reino, en la que el servicio y la gratuidad definen las relaciones y cimentan el camino.

La identidad de esta mujer se reconfigura así en su nuevo rol como seguidora. El final abierto del relato y la indefinición de su servicio pueden sugerir que ella permaneció en los marcos tradicionales femeninos desde su rol en el hogar, pero si abrimos la puerta de la narración, si la vinculamos con el marco teológico que supone el servir en la comunidad, podemos encontrarla más allá, en su capacidad de responder a la llamada, en su valentía para hacerse también compañera en la misión, para hacer comunidad.

Referente para la comunidad cristiana

El hecho de que lo vivido por esta mujer junto a Jesús fuese digno de ser recordado, aunque fuera brevemente y casi de puntillas, cuando los autores recogieron en sus textos la memoria de Jesús y su Buena Noticia, nos muestra no solo el valor de su testimonio sino su capacidad de ser referente para las comunidades a las que se dirigían los evangelios. Sin duda, las mujeres que en los comienzos cristianos escucharon su historia se identificaron con ella y su experiencia las animaba a ir más allá de los lugares asignados por su condición femenina y aspirar a vivirse en plenitud como seguidoras de Jesús y a comprometerse en lo cotidiano de sus vidas con la fe y la esperanza que alumbraba en ellas la Buena Noticia del Reino de Dios.

Esas mujeres, como la suegra de Pedro, vieron transformadas sus vidas tras su encuentro con Jesús de Nazaret.

Los primeros grupos cristianos eligieron las casas como lugares de encuentro comunitario, en los que se celebraba y se enseñaba, en los que se proclamaba la Palabra y se construían vínculos fraternales y sororales. Las mujeres se sabían en su espacio porque ese había sido siempre su lugar natural, pero también entendieron, como la suegra de Pedro, que ese lugar había de ser transformado para ser inclusivo como Jesús lo había soñado (Mc 10,28-31). En esos comienzos ellas lideraron comunidades en sus casas (He 16,13-15; He 12,17), trabajaron con asiduidad por el evangelio (Flp 4,2-3), asumieron ministerios y tareas (Rom 16) y fueron benefactoras y anfitrionas de misioneros (He 9; He 18; Flm 1,2). Esas mujeres, como la suegra de Pedro, vieron transformadas sus vidas tras su encuentro con Jesús de Nazaret y, conducidas por su compromiso como discípulas y servidoras de la Buena Noticia, reclamaron su espacio y empujaron la misión.

Escuchar en aquel contexto de los inicios el breve relato de la curación de la suegra de Pedro iluminaba a aquellas mujeres que, de diferentes formas, se incorporaban a los primeros grupos cristianos y podían descubrir en ella un referente de lo que suponía en sus vidas encontrarse con Jesús y abrirse a nuevas posibilidades existenciales, religiosas y sociales. Posiblemente, relatos como el de esta mujer formaron parte de tradiciones femeninas que se conservaron y transmitieron en los primeros momentos del cristianismo y de este modo pudieron llegar hasta nosotros/as.

El testimonio y compromiso de estas mujeres no lograron, sin embargo, arrancar las raíces patriarcales de su cultura y, como en los mismos evangelios se constata, se priorizó en la memoria cristiana el testimonio de los varones como referentes de fe y líderes de las comunidades. La presencia activa y comprometida de las mujeres se fue difuminando e invisibilizando, en la medida en que el cristianismo naciente se fue legitimando y reincorporando a los marcos patriarcales y androcéntricos vigentes en las sociedades en las que se fue encarnando. En la memoria de las generaciones posteriores sus historias fueron, con frecuencia, consideradas como secundarias para el mensaje cristiano. Su testimonio contracultural y profético fue progresivamente silenciado y adaptado a los modelos femeninos que las sociedades y culturas posteriores consideraban adecuados para las mujeres.

Hoy, recordar a la suegra de Pedro, aunque no podamos llamarla por su nombre y permanezca en nuestro imaginario referida por su parentesco al apóstol, es una invitación a visibilizar de nuevo su testimonio, su experiencia de salvación y su audacia como creyente. Ella nos recuerda que la utopía del Reino de Dios sigue viva y que las seguidoras y seguidores de Jesús del presente estamos llamadas y llamados a construir comunidades inclusivas, a reconfigurar nuestros espacios eclesiales para que no dejen de ser lugares en los que compartir la experiencia sanadora y salvadora que el encuentro con Jesús ofrece. Ella nos recuerda, además, que ser discípula y discípulo no es algo que se aprende, sino que se vive y transforma los valores y las pertenencias, abriéndonos a nuevos horizontes de liberación que nos cambian y nos comprometen.

Tenemos su relato, aunque no tengamos su voz. Tenemos su testimonio, aunque se haya perdido su nombre. Su experiencia de liberación habla por sí sola. Su servicio transformador y transforman-te nos deja preguntas, pero también nos invita a mantener viva su memoria. Acojámosla, pues, como testigo y referente para nuestra vida, e invitemos a otras y a otros a escuchar su historia, porque en ella se visibilizan la gracia y la esperanza a la que como creyentes de Jesús de Nazaret nos sentimos llamados/as y agraciados/as.

Esquema visual

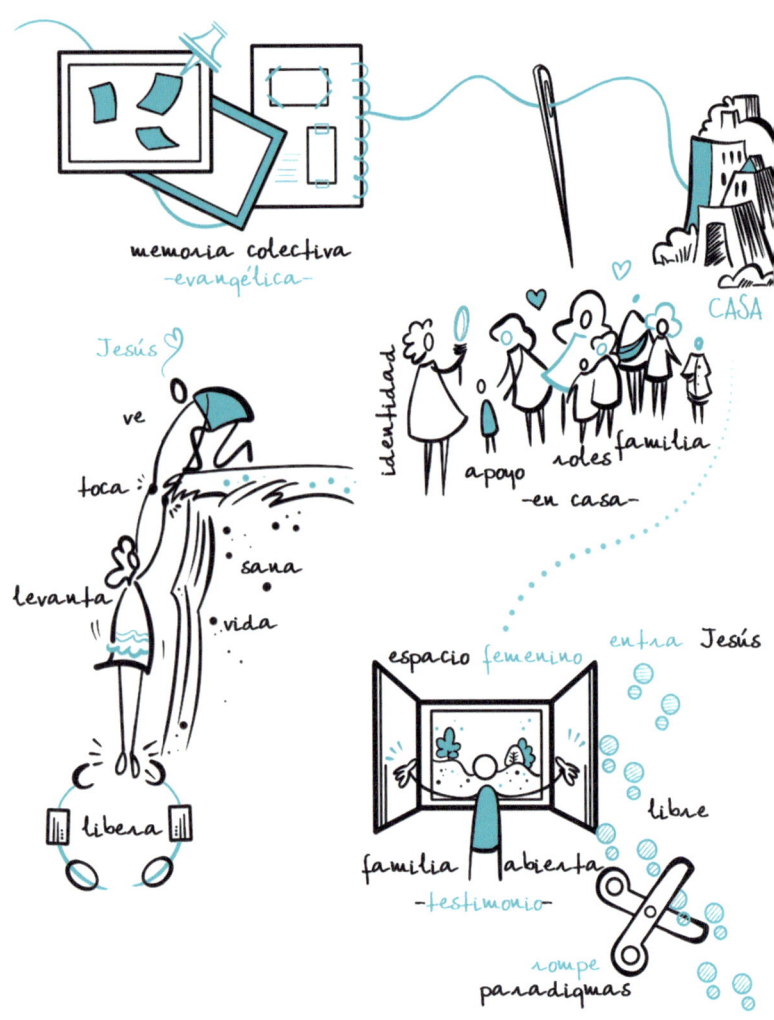

memoria colectiva
—evangélica—

CASA

Jesús

ve

toca

levanta

sana

vida

libera

identidad

apoyo

roles

familia

—en casa—

espacio femenino

entra Jesús

libre

familia abierta

—testimonio—

rompe paradigmas

SERVIR

construir

comunidad

SALUD
ENFERMEDAD

mediadora

de salvación

futuro

Jesús sana y libera
-encuentro sanador-

responder
-dignificar-

estigma
debilidad
aislamiento
incapacidad

levantar es
dignificar

Para el trabajo individual

- Lee despacio las tres versiones del relato de la suegra de Pedro. En una hoja de papel o en el ordenador dibuja tres columnas y escribe en la primera columna el texto de Marcos, en la segunda el de Mateo y en la tercera el de Lucas.

- Escoge tres rotuladores de diferente color y subraya de un mismo color toda la información en la que coinciden los tres evangelios. En otro color destaca lo que comparten solo dos de ellos y con el tercer color señala lo que solo aparece en uno de ellos.

● Mira cómo se distribuyen los colores y apunta tres conclusiones que consideras significativas de lo observado. Puedes tener en cuenta lo que se ha dicho en la primera parte del libro.

● Elige una de las conclusiones y escribe lo que más te ha resonado de la descripción que el evangelista hace de esta mujer y por qué.

● Imagina la escena de la curación de la suegra de Pedro y escribe un breve relato de lo que has imaginado. ¿Has incorporado al relato algo que no estaba en el texto original? ¿Qué has querido transmitir al elaborar la narración? ¿Cómo lo has hecho? ¿Crees que el modo en que has reimaginado el relato ayuda a entender la historia de la suegra de Pedro hoy? ¿Por qué?

● Dialoga con esta mujer, háblale de lo que has aprendido de ella y de lo que echas de menos en la memoria que los evangelios hacen de ella. Pregúntale por su discipulado, por su camino de fe, por lo que significó aquel encuentro tan especial que tuvo con Jesús.

● Saborea lo que queda en ti de lo descubierto sobre la vida de esta mujer. ¿Qué has aprendido junto a ella? ¿Puede servirte de referente para tu vida de fe? ¿En qué?

Dinámica grupal

El relato de la suegra de Pedro es un testimonio que invita a integrar, en nuestra vivencia espiritual, la experiencia humana de sanación y la teologal de salvación. Su curación física la abre a vivirse salvada e integrada en la comunidad de discípulas y discípulos de Jesús. Todas las dimensiones de su vida se reconfiguran para acoger la liberación que el gesto y la mirada de Jesús le ofrecen.

A lo largo de nuestra vida, seguramente hemos tenido encuentros, experiencias, situaciones en las que hemos vivenciado que toda nuestra realidad se transformaba, que somos personas nuevas y que en ese cambio acontece algo diferente que nos impulsa y nos recrea. Desde la fe podemos nombrar esos momentos, como momentos de gracia y liberación donde hemos podido sentirnos sanadas/os y salvadas/os por Jesús.

- Evoquemos personalmente algún momento de gracia y liberación. ¿Qué cambios experimenté? ¿A qué me sentí llamada/o? ¿Qué es lo que más agradezco de esa experiencia? ¿Con qué símbolo podría expresar la experiencia?

- Celebramos juntas/os la experiencia: en medio de la sala colocamos la Biblia abierta por el relato de la suegra de Pedro en cualquiera de sus versiones. Alrededor de la Biblia colocamos los símbolos que cada una/o ha escogido. A un lado del conjunto que forman la Biblia y los símbolos ponemos unas hojas de papel, bolígrafos y unas velas apagadas (tener a mano cerillas o mechero). Se puede poner todo sobre una tela de colores.

  - Comenzar escuchando una canción que pueda ser significativa para el momento.
  - Quien quiera compartir su experiencia coge su símbolo, lo explica y comparte el momento evocado.
  - Después de un breve silencio, cada participante toma una hoja y un bolígrafo y escribe una palabra que le ayude a sintetizar el espa-

cio vivido que han compartido. Se puede poner una música suave mientras se escribe la palabra.

- Cuando todas/os hayan escrito su palabra, cada una/o dice en alto la palabra escogida y pone el papel junto a su símbolo.
- Se puede terminar leyendo de nuevo el relato de la suegra de Pedro.

Rutinas de pensamiento

CÍRCULO DE PUNTOS

1 Estoy PENSANDO en...
desde el PUNTO DE VISTA de...

...el servicio desde el punto de vista de las mujeres.

2 PIENSO sobre esto...

¿Qué me evoca "servicio"?

¿Qué me molesta al evocar "servicio"?

¿Qué me sorprende al entender "servicio" como discipulado?

DE VISTA

 PREGUNTO...

¿Cómo romper estereotipos eclesiales?
¿Cómo propiciar comunidades
inclusivas?

 Mis NUEVAS IDEAS...

... sobre el servicio.
... sobre la presencia femenina
en los orígenes cristianos.

CÍRCULO DE PUNTOS

1 Estoy PENSANDO en...
desde el PUNTO DE VISTA de...

2 PIENSO sobre esto...

DE VISTA

 PREGUNTO...

Bibliografía

Elisa Estévez, *Mediadoras de sanación: encuentros entre Jesús y las mujeres: una nueva mirada,* Universidad Pontificia Comillas, Madrid 2008. Un libro que estudia y ofrece nuevas claves para acercarnos a los encuentros sanadores entre Jesús y las mujeres. En él se puede ampliar la información sobre la curación de la suegra de Pedro y sobre otros textos de mujeres sanadas por Jesús y que, como ellas, a su vez, se convierten en mediadoras de sanación.

Santiago Guijarro, *Fidelidades en conflicto. La ruptura con la familia por causa del discipulado y la misión en la tradición sinóptica,* Universidad Pontificia Comillas, Madrid 1998. En esta obra se pone en relación el modo de entender la casa –la familia en el contexto del Imperio romano– y los conflictos familiares que los primeros grupos cristianos tuvieron que afrontar a causa de su fe en Jesús. Esta tensión muestra cómo la primera comunidad va haciendo posible una familia alternativa construida desde los valores del Reino de Dios.

CARMEN BERNABÉ-CARLOS GIL (eds.), *Reimaginando los orígenes cristianos. Relevancia social y eclesial de los estudios sobre los orígenes del cristianismo*, Verbo Divino, Estella (Navarra) 2008. Esta obra, que nace como un libro homenaje a Rafael Aguirre, presenta una serie de artículos de diversos autores que abordan, desde diferentes aproximaciones, la sociología y la antropología cultural de los orígenes cristianos. Entre los trabajos recogidos, destacamos el de ESTHER MIQUEL, «Aproximación a las prácticas exorcistas de Jesús» (pp. 143-171); el de ELISA ESTÉVEZ, «Casa, curación y discipulado en Marcos» (pp. 219-249), y el de CAROLYN OSIEK, «Mujeres, honor y contexto en la antigüedad mediterránea» (pp. 353-373).

BRUCE J. MALINA-RICHARD L. ROHRBAUGH, *Los Evangelios sinópticos y la cultura mediterránea del siglo I. Comentario desde las ciencias sociales*, Verbo Divino, Estella (Navarra) 1996. Un comentario a los evangelios sinópticos que permite una lectura de los textos a la luz de los contextos socio-culturales donde las obras nacieron. Aportan notas y escenarios de lectura que ayudan a comprender mejor el mensaje que quieren transmitir los autores a sus destinatarios, evitando proyectar sobre los relatos nuestra visión cultural y social del presente.

Índice